BEI GRIN MACHT SICH IHR WISSEN BEZAHLT

AF139994

- Wir veröffentlichen Ihre Hausarbeit,
  Bachelor- und Masterarbeit

- Ihr eigenes eBook und Buch -
  weltweit in allen wichtigen Shops

- Verdienen Sie an jedem Verkauf

Jetzt bei www.GRIN.com hochladen und kostenlos publizieren

Bibliografische Information der Deutschen Nationalbibliothek:

Die Deutsche Bibliothek verzeichnet diese Publikation in der Deutschen National-
bibliografie; detaillierte bibliografische Daten sind im Internet über http://dnb.d-
nb.de/ abrufbar.

Impressum:

Copyright © 2012 GRIN Verlag, Open Publishing GmbH
Druck und Bindung: Books on Demand GmbH, Norderstedt Germany
ISBN: 978-3-668-10829-5

Dieses Buch bei GRIN:

http://www.grin.com/de/e-book/311887/grundlagen-der-schulpaedagogik-eine-
lernuebersicht

Juliane Richter

Grundlagen der Schulpädagogik. Eine Lernübersicht

GRIN Verlag

GRIN - Your knowledge has value

Der GRIN Verlag publiziert seit 1998 wissenschaftliche Arbeiten von Studenten, Hochschullehrern und anderen Akademikern als eBook und gedrucktes Buch. Die Verlagswebsite www.grin.com ist die ideale Plattform zur Veröffentlichung von Hausarbeiten, Abschlussarbeiten, wissenschaftlichen Aufsätzen, Dissertationen und Fachbüchern.

Besuchen Sie uns im Internet:

http://www.grin.com/

http://www.facebook.com/grincom

http://www.twitter.com/grin_com

Inhalt

1. Einführung

1. 60% aller Lehrenden weisen kritisches gesundheitliches Risikomuster auf

→ **BURNOUT**

= dauerhafter, negativer, arbeitsbezogener Seelenzustand; begleitet von Unruhe, Anspannung

Gefühl verringerter Effektivität, gesunkene Motivation und Entwicklung dysfunktionaler Einstellungen/ Verhaltensweisen

Resultiert aus Fehlbelastung zw. Intention und Berufsrealität

5 Gründe gegen Burnout

1. Begriff nicht klar definiert

2. Meisten leiden schlicht an Depressionen

3. Überforderung ist nicht die tatsächliche Ursache

4. „langsamer treten" würde gegen Burnout helfe- FALSCH

5. Verharmlosung der Depressiven Erkrankung

Scharschmidt Skala= Burnout ist Beanspruchungsphänomen mit 3 Kernen

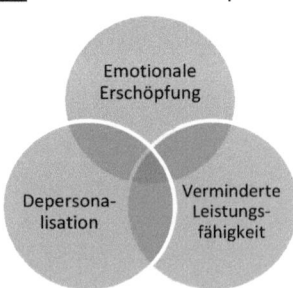

4 Muster arbeitsbezogenen Verhaltens und Erlebens

Muster G berufliches Engagement, ausgeprägte Widerstandsfähigkeit gegenüber Belastungen, positives Lebensgefühl

(„Gesundheitsmuster")

Muster S ausgeprägte Schonungstendenz gegenüber beruflichen Anforderungen

Risikomuster A überhöhtes Engagement (Selbstüberforderung) bei verminderter Widerstandsfähigkeit und eher eingeschränktem Lebensgefühl

Risikomuster B Resignation und deutlich verminderte Belastbarkeit, einhergehend mit reduziertem Arbeitsengagement

Ursachen aus Sicht Betroffener/ Warum gerade Lehrer?

1. Unaufmerksamkeit, fehlende Motivation Disziplinprobleme der Schüler

2. Mangelnde Kooperation, ineffiziente Schulorganisation, ungenügender Lärmschutz, permanenter Zeitdruck

3. Druck durch unerledigte Aufgaben

4. Ständige psychische Präsenz

5. Eingeschränkte Erholungsmöglichkeiten

6. Neg. Emotionen, Mangel an Anerkennung

7. Unzureichende Unterstützung

Mögliche Abhilfen:

8. Lehrkräfte dürfen nicht allein gelassen werden

9. Mehr Möglichkeiten für selbstbestimmtes und professionelles Handeln schaffen

10. Arbeitsbedingungen an Schulen verbessern

11. Für Eignungsmerkmale im Studium sensibilisieren

12. Professionalisierung in Aus- und Weiterbildung!

Schulpädagogik ist wichtig!

Lehrerprofessionalität, Lehrergesundheit, Schulreform/-entwicklung, Bildungssystem, Allgemeine Didaktik, Gesellschaftliche Bedingungen, Beraten, Beurteilen, Schulrecht, Medienbildung, u.v.a.

2. Aufgaben und Profession von Lehrpersonen

1. Lehrerberuf= handlungsorientierte Wissenschaft → enges Zusammenspiel von Theorie und Praxis

2. Kritik: oft werden Fachwissenschaftler ausgebildet, ohne Vermittlungskompetenz

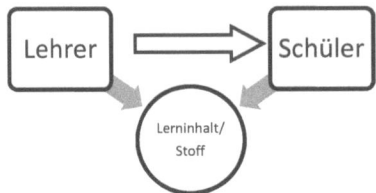

3. Lehrer sind Fachleute für Lehren und Lernen

4. Kernaufgabe: wissenschaftliche und gezielte Planung, Organisation, Reflexion von Lehr-Lernprozessen + indiv. Bewertung, syst. Evaluation

5. Berufl. Qualität = Qualität des Unterrichts

<u>Was ist ein guter Lehrer?</u>

1. Jeder soll so sein, wie seine Schüler werden sollen | soll die Kunst beherrschen, die dahin zu bringen | eifrig sein (Johann Amos Comenius)

<u>Rolle:</u> - gutes Maß an: Autorität, Respekts-/ Vertrauensperson

- Berater, Freund

- fachkompetent mit viel Wissen, Fähigkeit es zu vermitteln

- engagiert, motiviert, Schule mit-/ weiterentwickeln

<u>Persönlichkeit:</u> freundliche, aufgeschlossen, selbstbewusst, kreativ, tolerant, flexibel, verständnisvoll, geduldig, authentisch, gerecht, vorurteilsfrei, objektiv, herzlich, …

<u>Guter Unterricht:</u> strukturiert, geplant, organisiert, spannend, interessant, anschaulich, kreativ, fächerübergreifend, handlungsorientiert

Forschungsparadigmen (gilt heute als überholt)

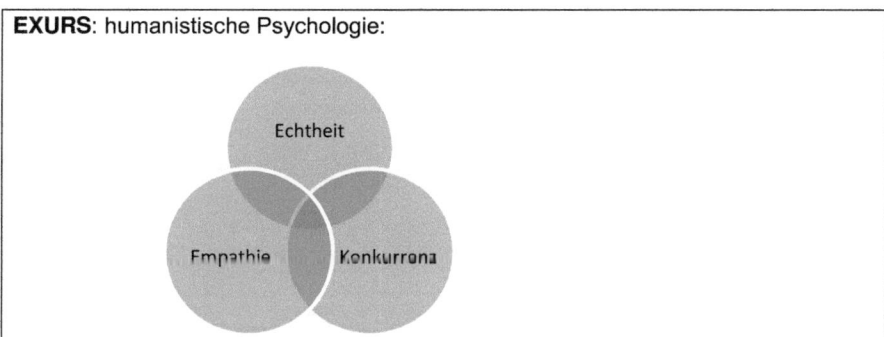

EXURS: humanistische Psychologie:

Kompetenzen guter Lehrer:

1. Selbstkompetenz/ Personenkompetenz- *Wie gehe ich mit mir um?*

    1. Lehrer fördern die Reflexiven Fähigkeiten ihrer Schüler

2. Beziehungskompetenz- *Wie gehe ich mit anderen um?*

    1. Dialog-Interaktionsfähigkeit, Rücksichtnahme, Toleranz

3. Gesprächskompetenz- *Wie kommuniziere ich?*

    1. Rhetorik, Ich-Botschaften, Strukturfähigkeit, sprachl. Präsenz

4. Fach- und Sachkompetenz/ Methodenkompetenz- *Was muss ich wissen/können/tun?*

    1. Müssen Unt. Fach- und sachgerecht planen

    2. Benötigt Bildungstheorien, Unterrichtsmethoden, Konzepte Medienpädagogik und -psychologie

5. Organisationskompetenz- *Wie organisiere ich mich?*

    1. Planen, koordinieren, kontrollieren, Weitblick haben, Prozesse initiieren

6. Sozialkompetenz

    1. Fähigkeit der Kinder fördern kooperativ zu lernen und arbeiten

    2. Fähigkeit zu Empathie

    3. Methoden der Förderung sozialer Fähigkeiten, Fertigkeiten, Kenntnisse psychologischer Grundlagen soz. Gruppen und Gruppendynamiken

Guter Unterricht, 10 Merkmale

Methodenvielfalt

Individuelles Fördern

Intelligentes Üben

Transparente Leistungsbeurteilung

vorbereitete Umgebung

Klare Strukturierung des Unt.

Hoher Anteil echter Lernzeit

Lernförderliches Klima

Inhaltliche Klarheit

Sinnstiftendes Kommunizieren

Lehrerexpertise/ Lehrerprofessionalität

= bedeutet das berufsbezogene Können und Wissen von Lehrern

1. Experte steht für Lehrer als Experten für lernen und lehren

2. Umstritten: Kann man erfolgreiche Unterrichtsprozesse MESSBAR auf persönliche Voraussetzungen des Könnens und Wissens von Lehrern zurückgeführt werden?

1. PERSÖNLICHKEITSPARADIGMA

1. Markiert Anfänge Lehr-Lern-Forschung

Emotionale Stabilität – Objektivität – Freundlichkeit/Verträglichkeit – Persönliche Beziehungen/ Kooperation – Tätigkeitsdrang/ Tatkraft – Extravision – Gewissenhaftigkeit

2. PROZESS-PRODUKT-PARADIGMA

Prozess	*Produkt*
Lehrerhandeln:	*Vor allem:*
1. *Anzahl von Fragen*	6. *Lernzuwachs der Schüler*
2. *Pos. Rückmeldungen zu Schüleräußerungen*	*Selten:*
	7. *Interessenentwicklung*
3. *Häufigkeit, mit der Schüler aufgerufen werden*	8. *Neugier*
4. *Umgang mit Fehlern*	9. *Selbstregulation* *affektive*
5. *Strukturierungsgrad des Unterrichtsgespräch*	10. *Freude am Lernen* *„Produkte"*

(oft 95%-5% Lehrer-Schüler-Anteil)

Zusammenhang zw. Unterrichtsmaßnahmen, die aus Unterrichtsbeobachtungen gewonnen werden u. Produktmaßnahmen, die aus Schülerleistungen gewonnen werden

3. EXPERTEN-PARADIGMA

Lehrpersonen sind Experten im Unterricht → Qualitative Unterschiede in der kategorialen Wahrnehmung von Unterricht

1. Experten: sehen typische Ereignisse   ⎫
                                              ⎬   kritischer Umgang mit eigenen
                Klasse im Blick   ⎭   Ansätzen, Theorien, Verhaltensweisen.

                Interpretation der Ereignisse

2. Novizen: Fokussieren auf einzelne Ereignisse und Schüler

                Konzentration auf (naive) Beschreibung

<u>4 Felder müssen Lehrkräfte aufbauen um Lernprozesse unterstützen zu können:</u>

1. FachwissenschalicheExpertise

2. Fachdidaktische Expertise

3. Expertise In der Klassenführung

4. Diagnostische Expertise

Professionelles Wissen

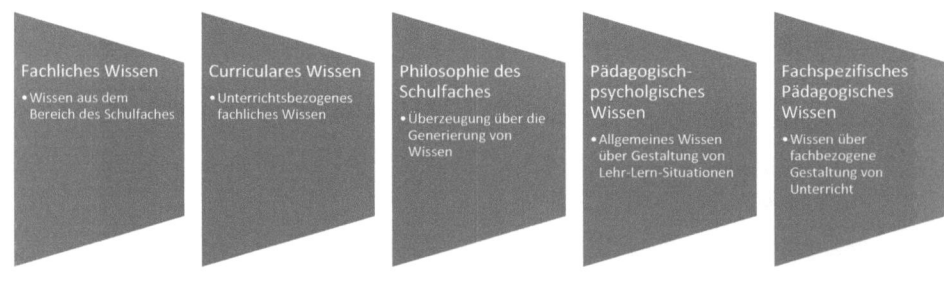

Aufgaben von Lehrern

1 Erziehen: heiml. Lehrplan (implizit)= Pünktlichkeit, soz. Kompetenz, Zuverlässigkeit, Ordnung

...fundamentaler Prozess im Leben; in Pädagogik Einwirken von Älterem auf jüngeren Menschen gemeint

- zentrale Fähigkeit= Leitung eine Schulklasse

Spannungsfeld: Erziehung im schul. Kontext vs. elterliche Erziehung enger Austausch wichtig

- häusl. Erziehung= repräs. für gesellsch. Kontext

- Elternhaus prägt Chancengleichheit? Motivation?

2 Lehren   ... Unterrichten ...

= geplantes, system., method. und zielgerichtetes Unterweisen lernbedürftiger Kinder, Heranwachsender, Erw.

- findet in spez. Institutionen statt

- zielt auf Vermittlung von Wissen u. Entw. kog., soz. und instrumenteller Fähigkeiten

- Partizipation (Lernen an Planung und Unterricht beteiligen)

9

... Entw. & Erneuern von Curricula ...

- dient Legitimation der Inhalte, Begründet Lehrpläne

- Partizipation von Lehrern

- Institutionalisierung (Einordnung, Anwendung in Schulpraxis ist notwendig)

- Lehrer in Erstellung von Fach,- fachübergreifende, Stufencurricula involviert

3 Beraten und Diagnostizieren

1.   Informationen zur Optimierung des päda. Handels gewinnen

2.   Päda. Diagnostizieren soll: *(a) individuelles Lernen optimieren (b) im gesellsch. Interesse Lernerergebnisse feststellen (c) den Übergang in Bildungswege verbessern*

3.   In der Schule bei: *Lernschwierigkeiten, Schulversagen, Schulangst, Schulunlust, Absentismus, Schullaufbahngestaltung, Einschulung ,...*

4 Fortbildung

1.   Aufgrund aktueller Veröffentlichungen immer schulrechtlich, schulorganisatorisch, lernpsychologisch, pädagogisch, unterrichtsmethodisch informieren

2.   Innerhalb eigener Stufe und Fächer über Neuerscheinungen etc. informieren

3.   An Fortbildungsveranstaltungen beteiligen

5 Verwaltung

1.   Unterricht und schulische Leistungsbeurteilung dokumentieren

2.   Verwaltungsaufgaben: Mitarbeit in schulübergreifenden Gremien und Institutionen

3.   Verantwortung bei eigenständigen Verwaltung der Schule übernehmen

6 Innovieren

1.   Selbstaktivitäten der Schüler ermöglichen (Bibliothek, Mediothek, Sportflächen, ...)

2.   Außerschulische Lernorte nutzen (Theater, Museum, Praktika, Ausflüge)

3.   Qualitätssicherung und Weiterentwicklung in Schule und Unterricht

3. Zur professionellen Sicht auf Lernende

Perspektivwechsel

1. Wichtig sind hierbei die Kompetenzen und die Fähigkeit zu unterrichten, erziehen, beurteilen

2. Man sollte den sozialen und kulturellen Hintergrund der Schüler kennen und im schulischen Rahmen Einfluss auf individuelle Entwicklung nehmen

3. Man diagnostiziert Lernvoraussetzungen und Prozesse, fördert und berät Schüler individuell

4. Schüler sind **heterogen** in Bezug auf:

Alter, Geschlecht, familäre und ökonomische Situation, Migrationshintergrund, Muttersprache, Religion, Begabung und Intelligenz, Interesse und Motivation, Leistungsfähigkeit

Begabung und Intelligenz

Begabung

= Summe hervorragender Potenziale in versch. Leistungsbereichen, die sich durch Lernen und Reifung verändern/ entwickeln können

Intelligenz

= ein hypothetisches Konstrukt; = die zusammengesetzte oder globale Fähigkeit des Individuums zielgerichtet zu handeln, rational zu denken und sich wirkungsvoll mit seiner Umwelt auseinander zu setzen.[1]

Global, zusammengesetzt, weil sie aus Elementen, Fähigkeit besteht, die obwohl nicht völlig unabhängig, qualitativ unterscheidbar sind.

= nicht nur Fähigkeit der Info.verarbeitung und logischen Denkens, sondern auch Fähigkeit des Aneignens, Organisierens, Gebrauchs von Kulturwissen

= Intelligenz wird meist definiert als allgemeine Fähigkeit zum Denken oder Problemlösen in Situationen, die für das Individuum neuartig sind

= Darüber hinaus beinhalten moderne Definitionen, dass intelligenten (problemlöse-) verhalten „ökonomisch" sein soll

---

[1] http://www.grin.com/de/e-book/24322/

Allgemeine Intelligenz

Spearman´s Modell

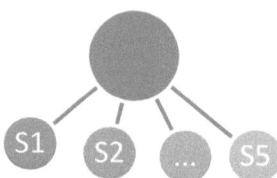

= Eindimensionale Intelligenzmodelle stehen in der Tradition der „allgemeinen Intelligenz `g´" von Spearman

= eine bereichsspezifische , umfassende Fähigkeit, die für die Benötigung geistiger Aufgaben benötigt wird

1. Mehrdimensionale Intelligenzmodelle thematisieren dabei unabhängige Intelligenzfaktoren

Theorie multiple Intelligenzen:

1. Logisch-mathematische Intelligenz, Sprachliche, Visuell-räumliche, Körperlich-kinästhetische, Musikalische, Interpersonale, Intrapersonale, Naturkundliche

Intelligenz und Hochbegabung:

a) das Merkmal angeboren ist, impliziert nicht Unveränderlichkeit

b) modere genetische Psychologie fragt nach Zusammenwirken von Anlagen und Lernumwelt eines Kindes bei Entwicklung

c) Intelligenz und Begabung beruhen zwar auf angeborene Grundlagen, Angebot von Lernmöglichkeiten für das Kind sind entscheidend für Ausprägung

Typen der Anlagen-Umwelt-Beziehung

Lerntypen, Lernstile, Lernstrategien

1. Lerntypen

<u>Visueller Typ</u>: *Muss ein Bild vor sich haben, um etwas aufnehmen oder sich merken zu können*

<u>Auditiver, akustischer Typ</u>: *Kann sich Formeln durch bloßes Hören merken*

<u>Diskutierender, kommunikativer Typ</u>: *Braucht jmd, mit dem er über Thema reden kann; Lehrer, der mit ihm Thema erarbeitet*

<u>Haptischer, motorischer Typ</u>: *Benötigt handelnden Umgang mit Lerngegenstand.*

<u>Olfaktorischer, gustatorischer Typ</u>: *Muss an Lerngegenständen riechen oder hineinbeißen können.*

2. Lernstil

= begriff wird benutzt um langandauernde Tendenzen von Personen zu kennzeichnen, bestimmte Techniken stärker oder weniger stark zu präferieren.

1. Lernstil- Modell

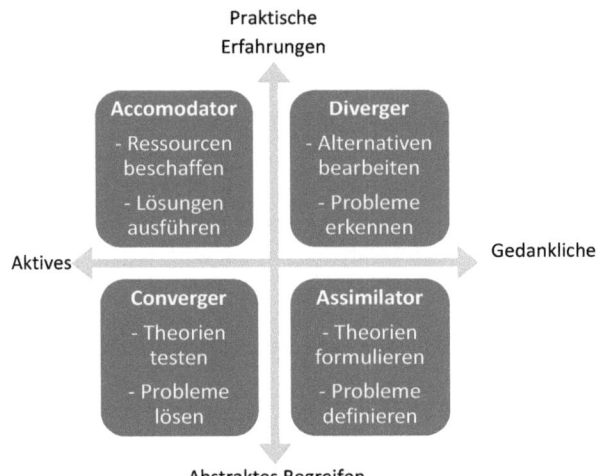

2. 4 Lernstiltypen nach Kolb

1. Divergierer

a) Bevorzugen konkrete Erfahrungen, reflektiertes Beobachten → Stärke= Vorstellungsvermögen

b) Neigen zur Betrachtung von Situationen aus versch. Situationen

c) Interessieren sich für Menschen

2. Assimilierer

a) Bevorzugen abstrakte Begriffsbildung bis hin zu theoretischen Modellen, reflektiertes Beobachten

b) Neigen zu induktiven Schlussfolgerungen; integrieren einzelne Fakten zu übergeordneten Konzepten

3. Konvergierer

a) Bevorzugen abstrakte Begriffsbildung, abstraktes Experimentieren Stärke= Ausführung von Ideen

b) Neigen zu hypothetisch- deduktiven Schlussfolgerungen und befassen sich lieber mit Dingen, Theorien als mit Menschen

4. Akkomodierer

a) Bevorzugen aktives Experimentieren, konkrete Erfahrung; Stärke= Ausgestaltung von Aktivitäten

b) Neigen zu intuitivem Problemlösen durch Versuch und Irrtum und haben mehr Interesse an Menschen als an Theorien

5. Lernstrategien und Perfekter Lerner[1]

= sind mental repräs. Handlungspläne zur Steuerung des eigenen Lernverhaltens. Setzt sich aus einzelnen Handlungssequenzen zusammen und ist situationsspezifisch aubrufbar

a) Kognitive Lernstrategie

   1. Elaboration

   2. Kritisches Prüfen

   3. Organisation

   4. Wiederholen

b) Nutzung interner Ressourcen

   1. Anstrengung

   2. Aufmerksamkeit

   3. Zeitmanagement

c) Metakognitive Lernstrategie

   1. Planung

   2. Überwachung

   3. Regulation

d) Nutzung externen Ressourcen

   1. Lernumgebung

   2. Lernen mit Studienkollegen

   3. Nutzung zusätzlicher Informationsquellen

[1] können Lernvorgang kontrollieren und verfügen über erforderliche Voraussetzungen

Schätzen sytem. Vorgehen, überzeugt von Nützlichkeit der Lernstrategien

Sind interessegeleitet, inhaltlich gerichtete Motivation vorhanden

Volitionale Kontrolle zur Aufrechterhaltung Motivation bei konkurrierenden Zielen

<u>Lernstrategien nach Kolb:</u>

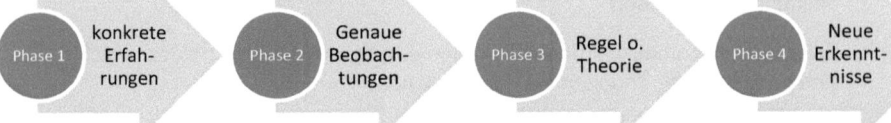

"Je nach Veranlagung geschieht der Prozess der Integration des Lernstoffes in bereits vorhandene Erfahrungen eher abstrakt oder eher konkret. Welcher Form dabei der Vorzug gegeben wird, hängt von den persönlichen Präferenzen und Eigenarten des Lernenden ab. Ob abstrakt oder konkret: jedenfalls ist für Kolb das Lernen immer ein ständig fortschreitender Prozess, bei dem zunächst Erfahrungen gesammelt und diese dann verarbeitet werden"(Bleyer 2008)

Mädchen und Jungen | Koeduktion vs. Monoeduktion

1. Entscheidend ist nicht nur, welche Lerngelegenheiten ihnen geboten werden, sondern welchen sie sich auch aktiv zuwenden

> Was sie lernen
> Wie sie lernen
> Welches Bild sie von sich haben

2. Lytton und Romney (1991) zeigten, dass Eltern ihre Kinder zu geschlechtstypisierten Aktivitäten ermuntert haben

3. Bis Oberstufe ist Lernangebot für Jungen und Mädchen gleich → Mä: häufiger Biologie, Deutsch, Fremdsprachen als L-kurs; Ju: Physik, Ma

<u>Mädchen</u>: *Wortflüssigkeit, Feinmotorik, Reaktion auf nonverbale Signale, Spiel (zu zweit, offen), Interesse an soz. Umgebung, Kausalattribute: Fleiß, Zufall; Unterforderung: Lustlosigkeit, Depressionen, Bauch-/Kopfschmerzen*

<u>Jungen</u>: *Räuml. Denken, Grobmotorik, Physisch direkter und agressiver, Spiel (regelgerecht, in Gruppen), Interesse an Gegenständen, Kausalattribute: Intelligenz; Unterforderung: störendes Verhalten*

<u>Koeduktion</u>: *gemeinsamer Unterricht von Mädchen und Jungen*

<u>Monoeduktion</u>: *getrennter Unterricht zwischen den Geschlechtern*

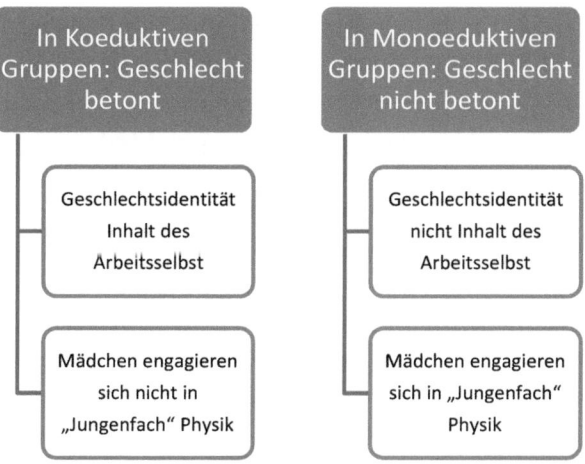

1. Mädchen/Frauen haben ein pessimistischeres Selbstbild von sich als Lernende als Jungen/Männer

    1. Auswirkungen auf Schule:

        1. Selbstbild in Ma und Phy schätzen M/F viel schlechter ein, als J/M

        2. Männer überschätzen sich

        3. Männer fühlen sich in männl. konnotierten Bereichen kompetent (z.B. Mathe, Physik); Frauen in weibl. Konnotierten Bereichen (Sprachen)

        4. Schulerfolg wird dadurch nicht beeinträchtigt, auch wenn Selbstbild wichtig für Lernerfolg ist

<u>Lernstrategien Beispiele:</u>

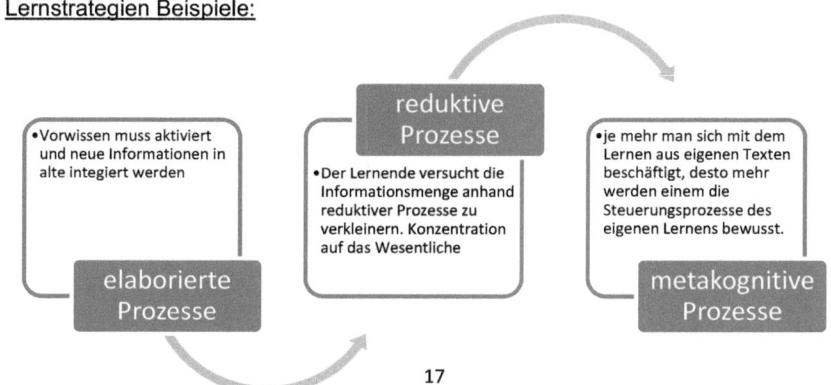

4. Allgemeine Didaktik und Lehr-Lerntheorien

A Definition „Didaktik" ´Wissenschaft vom Unterricht`

= altgriech. Lehren, unterrichten, klar auseinander setzen, beweisen

=„Didaktik als Theorie der Bildungsinhalte, ihre Struktur und Auswahl bzw. der Lehr- und Lernziele und der ihnen zuzuordnenden Lehr- und Lerninhalte und Aufgaben" (Klafki)

= Didaktik „als Theorie der Steuerung von Lernprozessen bzw. als Ökonomik der Vermittlung" (Frank v. Cube, Wilhelm)

1.   didactos: 1. lehrbar; 2. gelehrt, unterrichtet

2.   didaskelion: Schule, Schulzimmer, Klasse

3.   didaskalia: 1. Lehre, Belehrung, Unterricht; 2. Einübung und Aufführung eines Chores

4.   didaskalikos: 1. zum Unterricht gehörig; 2. Belehrend

5.   Didachae: das Lehren, die Lehre, die Belehrung, Unterricht, Unterweisung[2]

Tätigkeit — die Personen — die Inhalte — die Lehrmittel — die Schule — das Lernen

[2] www.die-bonn.de/doks/2007-mediendidaktik-01.pdf

B Didaktische Grundfragen:

Wer soll was, wann, wo, wie, womit, warum lernen?

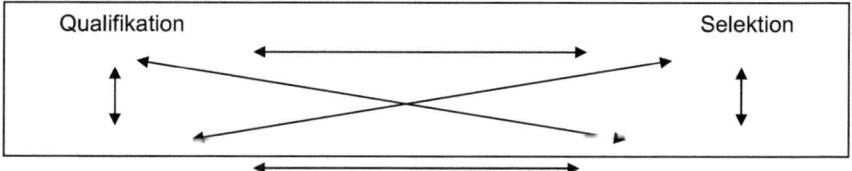

WAS? *Welche Inhalte muss ich vermitteln?*

    Auswahl in Hinblick auf: Fachwissenschaften; Lernvoraussetzunge, lebenswesentlichen Erfahrungshorizont der Lernenden; gegenwärtige gesellsch. Aktualität; Zukunftsbedeutung

WIE? *Mit welchen Methoden, Medien Sozialformen organisiere ich die Vermittlung der Inhalte?*

WARUM? *Welche Begründungen sind für meine Planungen und Vorhaben maßgeblich?*

WOZU? *Welche Ziele verfolge ich dabei?*

WANN? *Zu welcher Tages- oder Jahreszeit findet die Arbeit statt?*

    Lebens-/Entwicklungsalter; Lebenslanges lernen- wann welche Kompetenzen wichtig

WO? *In welche Umgebung finden de Lehr- und Lernprozesse statt?*

WEM? *Wer sind meine Adressaten?*

WER? *Welche Rollen nehmen die Akteure in den Lehr- und Lernprozessen ein?*[3]

    Wie können auch Lernende und deren Interessen mit einbezogen werden; Verständnis für Schüler als Subjekte des Lehr-Lern-Prozesses; Welche Voraussetzungen bringen Lerner mit; Verhältnis zw. Förderung der Neugier/ Pers.entwicklung und zu erlernendem Wissen; wie mit Heterogenität umgehen?

---

[3] www.onleihe.de/static/content/utb/20140516/978-3-8252-8575-3/v978-3-8252-8575-3.pdf

C Klafki und die Kategoriale Bildung

Kulturelle Inhalte | Innere Kräfte

Materialer Aspekt:

Gebildet ist der, der sich viel Wissen aneignet.

Formaler Aspekt:

Gebildet ist, wer seine inneren Kräfte nutzt.

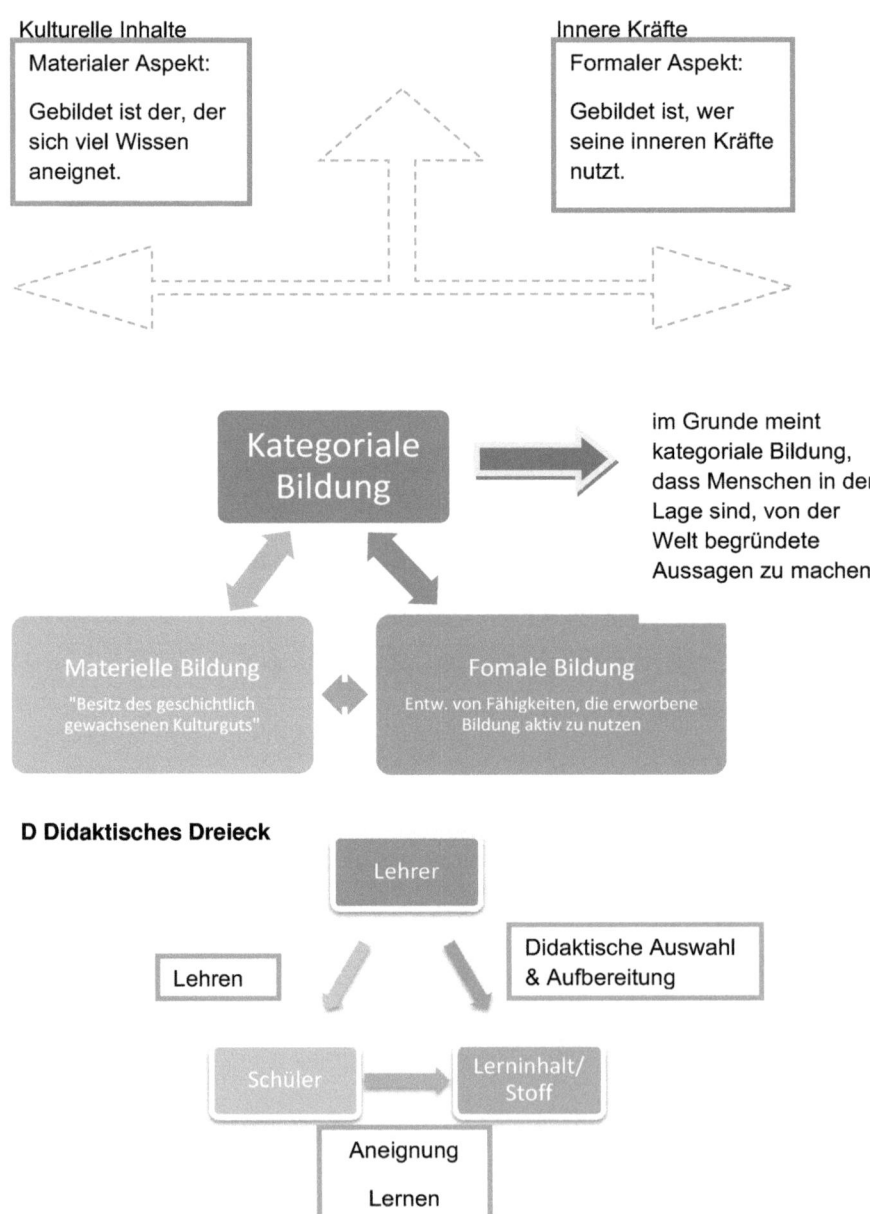

Kategoriale Bildung

im Grunde meint kategoriale Bildung, dass Menschen in der Lage sind, von der Welt begründete Aussagen zu machen.

Materielle Bildung
"Besitz des geschichtlich gewachsenen Kulturguts"

Fomale Bildung
Entw. von Fähigkeiten, die erworbene Bildung aktiv zu nutzen

D Didaktisches Dreieck

Lehrer

Lehren

Didaktische Auswahl & Aufbereitung

Schüler

Lerninhalt/ Stoff

Aneignung

Lernen

E Definition „Bildung"

6. Nach Platon Ziel= höchste Idee des guten und gerechten Lebens zu erlangen und mit Tugenden verbinden

7. Kant: Vernunft ist Fähigkeit sich seines Verstandes zu bedienen (Mensch muss erst mündig werden, um sich seines Verstandes zu bedienen)

8. Klafki: Bildung zielt darauf ab, Menschen zur Mündigkeit zu befähigen

9. Bilden kann man sich nur selbst; Erziehen= gezieltes Einwirken eines Älteren auf Jüngere

10. n

F Bildungstheorien

Quelle: http://cobocards.s3.amazonaws.com/card/480_300/7/71785517.jpg

G 5 Grundfragen der didaktischen Analyse

1. Exemplarische Bedeutung

Was vertritt und erschließt der Sachinhalt?

2. Gegenwartsbedeutung

Bedeutung für die Schüler im Hier und Jetzt?

3. Zukunftsbedeutung

Bedeutung für die Zukunft der Schüler?

4.   Sachstruktur

Struktur des Inhalts?

5.   Zugänglichkeit

Wie kann ich das Thema anschaulich, interessant, zugänglich machen?

H Wichtige didaktische Modelle

1.   Bildungstheoretische Didaktik (aus Perspektive der Bildung)

2.   Lern-Lehrtheoretische Didaktik (aus P. des Lernens und Lehrens)

Berliner Modell- *Lerntheoretisch*

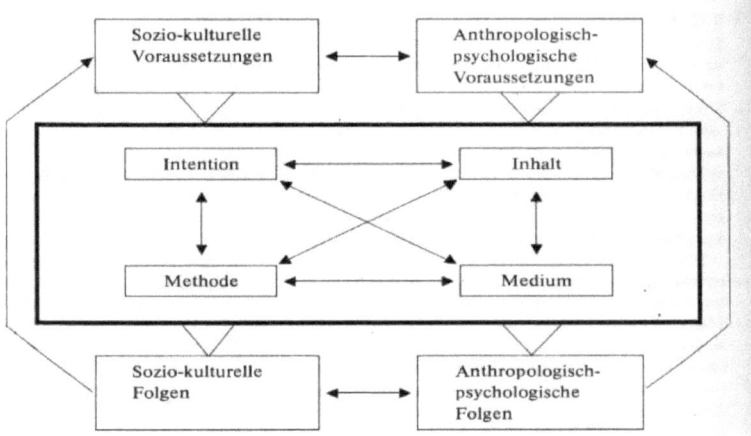

Hamburger Modell- *Lehrtheoretisch*

Strukturmomente für das didaktische Handeln:

1. Verständigungen der Lehrenden und Lernen untereinander

2. Festlegung der Unterrichtsziele

3. Bestimmung der Ausgangslage

4. Festlegung der Vermittlungsvariablen

5. Bestimmung und Darlegung der Erfolgskontrollen

6. Herausarbeitung der institutionellen Bedingungen

7. Erkennen der gesellschaftlichen Widersprüche

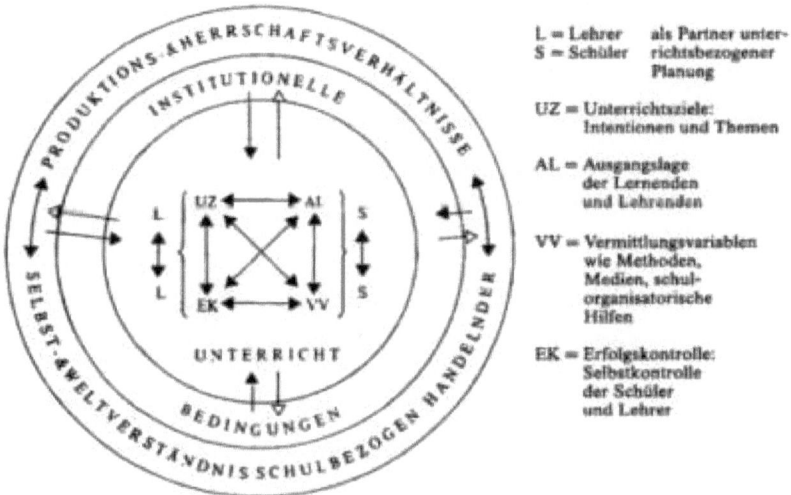

4 Ebenen der Planung im Mittelpunkt:

1. Die Perspektivplanung : für einen längeren Zeitraum (Semester, Schuljahr, Fächergruppe etc.)

2. Umrissplanung der einzelnen Unterrichtseinheiten

3. Prozessplanung: die Ordnung der Planungsentscheidung in der Zeit, wo sie nötig ist

4. Planungskorrektur während des Unterrichtsprozesses wenn unerwartete Gesichtspunkte es erforderlich erscheinen lassen

Konstruktion	Rekonstruktion	Dekonstruktion
• Menschen erfinden ihre Wirklichkeit, das Reich der Erfahrung	• Menschen entdecken ihre Wirklichkeit, und bringe sie in Darstellung	• Kritisches Hinterfragen der Erfahrungen mit dem Ziel Gegensätzliches zu enttarnen etc.

5.

Konstruktivistische Didaktik (aus P. der Lernenden)

23

1. Schüler sind keine passiven Rezipienten

2. Schülern lernen aktiv und selbstgesteuert

3. Lehrende sind weniger Vermittler

4. Lehrende sind Mitgestalter von Lernumgebung

5. Lehrende sind Begleiter, Mitgestalter, Wegbereiter von Lernprozessen

5. Verhältnis Allgemeine Didaktik, Fachdidaktik, Fachwissenschaft

1. Fachdidaktik und Allgemeine Didaktik hat ein besonderen Stellenwert

2. Beide Disziplin haben ihre eigenen Zugänge zum selben Thema

3. Fachdidaktik ist dabei:

1. Als integrierender Bestandteil der Didaktik aufzufassen

2. Fachdidaktik orientiert sich an der Fachwissenschaft und am Schulfach

3. Fachdidaktik ist das Ergebnis wissenschaftsorganisierter Überlegungen und Vorgänge

Zentrale Funktion der Fachwissenschaften für Bildungsprozesse

1. Muss Beitrag zur Bestimmung von Gegenwarts- und Zukunftsproblemen für Adressaten leisten (Leitfunktion)

2. In Schulfach darf nichts gelehrt werden, was fachwissenschaftlich falsch ist (Verbindung Fachdidaktik←→Fachwissenschaft), Prüffunktion

Anforderungen an Fachdidaktik

1. Muss sich v.a. An Lebenssituation des Lerners orientieren:

○ bei knapper Zeit die adressatenbezogene „Nützlichkeit" von Bildungsprozessen relevant ist (Qualifikationsfunktion der Schule - Legitimation).

○ Bildungserwerb kognitive Anknüpfungspunkte benötigt (lerntheoretische Begründung).

○ Bildung einen Beitrag zur Lebensbewältigung zu liefern hat (bildungstheoretische Begründung)

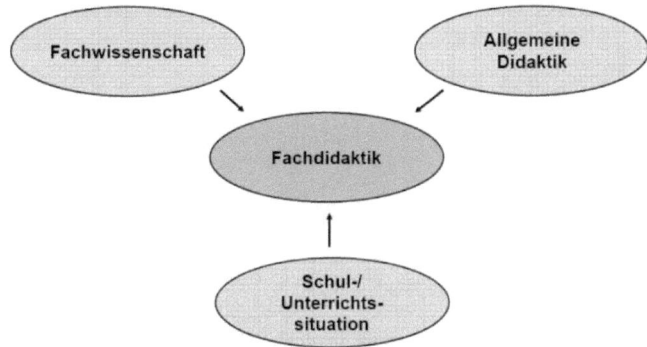

Aufgaben der Fachdidaktik

1. Herausarbeiten grundlegender Inhalte, Begriffe des Fachs

2. Ermittlung Lernziele

3. Wissenschaftl. Überprüfung dieser

4. Diskussion und Begründung der Bildungsrelevanz der betreffenden kulturellen Inhalte

5. Entwurf von Curricula. Teilcurricula, Unterrichtssequenzen

6. Erarbeitung von Evaluationsverfahren

Grundformen der Theorieanwendung; zentrale Grundfragen

1. Technologie (zielerreichendes Handeln)

Was muss ich tun, um ein bestimmtes Ziel Z zu erreichen?

2. Prognose (vorsorgliche Folgenabschätzung)

Was wird als Folge von A geschehen?

3. Erklärung (rückschauendes Begreifen)

Warum ist dieses Ereignis eingetreten?

4. Beschreibung (differenziertes Wahrnehmen)

Worauf muss ich bei dieser Lage der Dinge achten

6. Einführung in Unterrichtskonzepte und – methoden

Offener Unterricht

1. Eigenverantwortliches Arbeiten, Selbstständigkeit, Individualisierung, Differenzierung fördern

2. 4 grundlegende Merkmale OU:

    1. Selbst- und Mitbestimmung der Lernenden bei der Auswahl der Inhalte, Arbeitsmittel, Sozialformen und Methoden

    2. Zurückhaltung der Lehrenden

    3. Entdeckendes Lernen an problemorientierten Aufgabe

    4. Selbstverantwortliche Arbeitsformen

3. 2 Missverständnisse:

    1. OU ist nicht per se besser oder schlechter als andere Unterrichtsformen

    2. Lehrkraft entzieht sich nicht Interaktion mit Schülern und dem Lernprozess

Ziele und Prinzipien OU

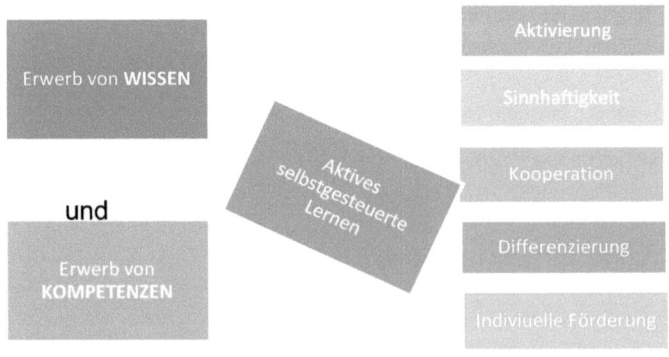

<u>Hauptformen des OU</u> = Markomethoden (wie auch Zukunftswerkstatt)

Makromethoden haben eine „Informationsphase", eine „Anwendungsphase" und eine „Problematisierungsphase"

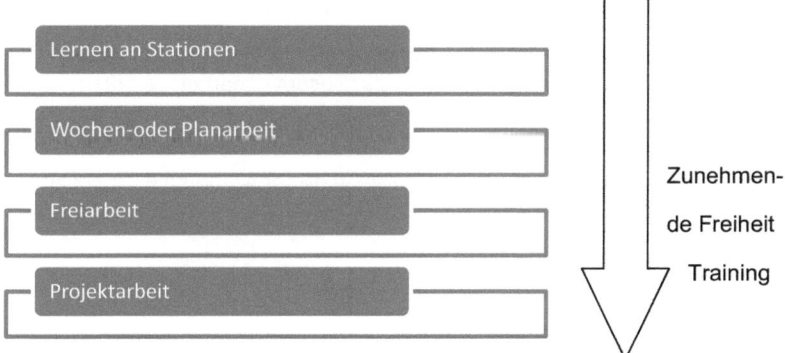

Zunehmen-

de Freiheit

Training

<u>Lernen an Stationen</u>

Lernen an Stationen ist eine Unterrichtsform, bei der verschiedene thematische Schwerpunkte eines Gesamtthemas auf unterschiedliche Stationen verteilt werden. Wichtig ist dabei, dass die ausgeteilten Materialien die selbstständige Arbeit ermöglichen.

1. Beim Lernen an Stationen wird ein Themenbereich in unterschiedliche Teilthemen portioniert

2. Es gibt „Lernzirkel", „Lernstraßen", „Lernzonen" und „Lerntheken"

3. Lernen an Stationen ist nicht auf bestimmte Fächer beschränkt, kann also in Naturwissenschaften wie auch in Geschichte, Religion oder Deutsch angewandt werden

Phasen:

1. Im Regelfall steht am Anfang der Arbeit eine Einführung, in der die Schüler zum Thema hingeführt werden

2. Daran wird eine Einweisung in die organisatorischen sowie technischen Fragen der Stationenarbeit angeschlossen.

3. Ein Rundgang entlang der Stationen stellt die Stationen vor und führt in die speziellen Erfordernisse der Bearbeitung ein

4. Nun beginnt die eigentliche Arbeitsphase

5. Zum Ende kommt eine Abschlussphase, in der die Arbeitsergebnisse und das evaluierende Gespräch über Inhalte und Methoden gesucht wird

<u>Freiarbeit</u>

1.	Phasen:

    1. Eingangsphase, in der die Tätigkeit geplant und abgesprochen werden

    2. Explorationsphase: Arbeitsplatz wird vorbereitet, Materialen gesammelt, Informationen beschafft und Absprachen zur Zusammenarbeit getroffen

    3. Arbeits- und Produktionsphase schließt an die Explorationsphase

    4. Präsentation- und Dokumentationsphase, in dieser werden die Ergebnisse gesammelt und präsentiert

    5. Evaluationsphase

2.	Material sollte:

Interesse wecken - zum Handeln anregen - Bearbeitung ohne direkte Hilfe der Lehrkraft möglich sein - Material sollte vom konkreten bis zum abstrakten reichen - Fehlerkontrollen sollten im Material mit angelegt sein

<u>Projektarbeit</u>

1.	Bedürfnisbezogenheit = Selbstbestimmtes Lernen

2.	Situationsbezogenheit = Lebenspraxisbezug

3.	Selbstorganisation des Lehr-Lern-Prozesses

4.	Kollektive Realisierung = Teamarbeit

5.	Produktorientiertheit = Gebrauchswertorientierung

6.	Interdisziplinarität = Zusammenarbeit mit anderen Sachbereichen#

7.	Gesellschaftliche Relevanz = Gesellschaftsbezug

Mesomethodik

= besteht aus der Sozialform (Regelung der Beziehungsstruktur m Hinblick auf Raum und Kommunikation)

8.	des jeweiligen Unterrichts und den zu wählenden Medien

9.	Unterricht kann in vier verschiedenen sozialen Organisationsformen realisiert werden:

Klassenunterricht, Einzelarbeit, Partnerarbeit, Gruppenarbeit

Durchschnittswerte für die Sozialformen

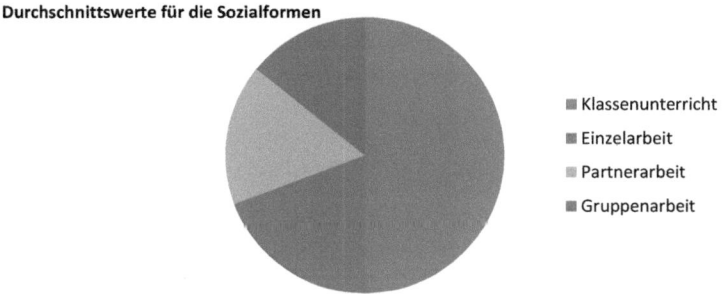

- ■ Klassenunterricht
- ■ Einzelarbeit
- ■ Partnerarbeit
- ■ Gruppenarbeit

Aktionsformen

Darbietend	Erarbeitend	Entdeckend
Vermittelt der Lehrende durch Vorträge oder ähnliches was „war" oder was „sein wird"	Der Sache wird sich interaktiv genähert, Lehrer tritt als Lehrer tritt auf & moderiert die Gemeinsame Erarbeitung	Lehrer tritt in den Hintergrund & lässt die Schüler die Sache entdecken

Zusammenfassung

Das methodische Handeln findet in **3 Dimensionen** statt

Sozialformen

- Regelung der Beziehungsstruktur in Hinblick auf Raum & Kommunikation

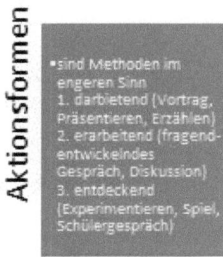

Aktionsformen

- sind Methoden im engeren Sinn
1. darbietend (Vortrag, Präsentieren, Erzählen)
2. erarbeitend (fragend-entwickelndes Gespräch, Diskussion)
3. entdeckend (Experimentieren, Spiel, Schülergespräch)

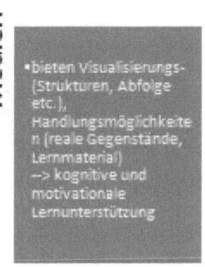

Medien

- bieten Visualisierungs- (Strukturen, Abfolge etc.), Handlungsmöglichkeiten (reale Gegenstände, Lernmaterial) --> kognitive und motivationale Lernunterstützung

29

Methodenkompetenz

1.   Methodenkompetenz bedeutet effizient lernen und Aufgaben gezielt bewältigen können

2.   Der Schüler soll

    1.   Aufgabenstellungen sachgerecht analysieren und Lösungsstrategien entwickeln,

    2.   Arbeitsschritte zielgerichtet planen und umsetzen,

    3.   Informationen unter Nutzung moderner Medien beschaffen, gezielt auswählen, speichern, veranschaulichen, (aus-)werten und austauschen,

    4.   Informationen aus Materialien entnehmen, zielangemessen lesen und zu verschriftlichen

    5.   Arbeitsergebnisse und Lösungswege verständlich und anschaulich präsentieren

7. Medien im Unterricht

Ziel= Entwicklung und Förderung von Handlungskompetenzen in Zusammenhang mit Nutzung vorhandener Medienangeboten, Gestaltung eigener medialer Aussagen

5 Aufgabenbereiche:

1.   Auswählen und Nutzen von Medienangeboten

2.   Gestalten und Verbreiten eigener Medienbeiträge

3.   Verstehen und Bewerten von Mediengestaltung

4.   Erkennen und Aufarbeiten von Medieneinflüssen

5.   Durchschauen, Beurteilen von bedingungen der Medienproduktion und-verarbeitung[4]

---

[4] https://www.gymnasium-lohmar.org/index.php/schule/paedagogik/medienkonzept

Wie Medien auswählen und beurteilen?

MEDIENDIDAKTIK

Welche didaktischen Funktionen haben die Medien?

Welche Ziele, Inhalte, Methoden sind angemessen?

Konkrete Gestaltungsfragen

Wie kann Medienkompetenz aufgebaut werden?

Welchen Stellenwert haben Medien in der Gesellschaft?

Konsequenzen für Medienerziehung?

Medienkompetenzen und Demokratie?

MEDIENERZIEHUNG

Möglichkeiten der Mediennutzung

1. Prozesse und Sachverhalte aus Mikro-, Makrobereich veranschaulichen, sichtbar machen

2. Vermittelte, indirekte Erfahrungen ermöglichen (direkt oft nicht möglich, schwer möglich)

3. Formen des sozialen Austauschs ermöglichen

4. Handelnden Umgang mit Repräs.formen von Lernobjekten

5. Übernahme von Lehrfunktion

6. Flexible und wirkungsvolle Lehr-Lernmethoden

7. Für große Schülergruppen gut geeignet (vergleichbares Lehrangebot)

8. Medien neben instrumenteller Funktion auch selbst Analyse- und Beurteilungsobjekt

9. Verwendung von Medien durch Lehrende und Lernende für eigene Produktion

Formen der Erfahrung

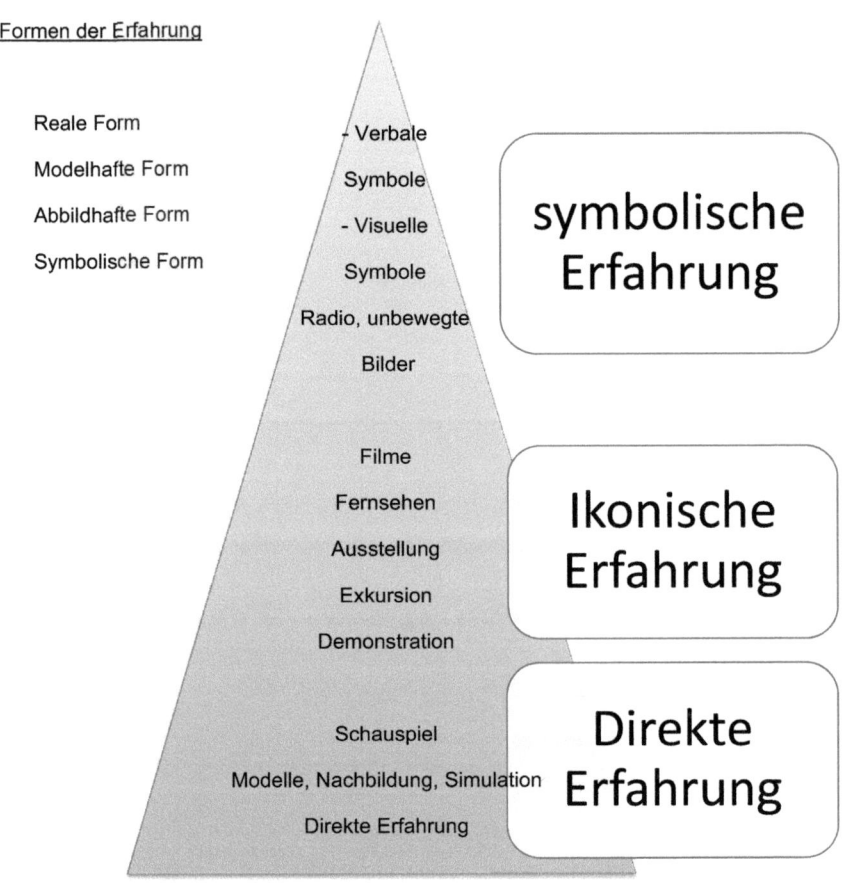

Reale Form

Modelhafte Form

Abbildhafte Form

Symbolische Form

- Verbale

Symbole

- Visuelle

Symbole

Radio, unbewegte

Bilder

Filme

Fernsehen

Ausstellung

Exkursion

Demonstration

Schauspiel

Modelle, Nachbildung, Simulation

Direkte Erfahrung

symbolische
Erfahrung

Ikonische
Erfahrung

Direkte
Erfahrung

Lernrelevante Typen von Bildern (Bsp. VL)

Informierende Bilder

Abbilder		**Logische Bilder**
	Infografiken	
Foto		Diagramm
Landkarte	Kombi aus Abbildern, logioohon Bildern	Statistische Darstellungen
Schaltplan	Symbolisch/verbal/ab	Symbolisch/verbal/nicht verbal
Analogiebild	-	
Abbildhaftrealgetreu	bildhaft/realgetreu/sc he-matisch	symbolisch
	Ikonisch/symbolisch	
ikonisch		

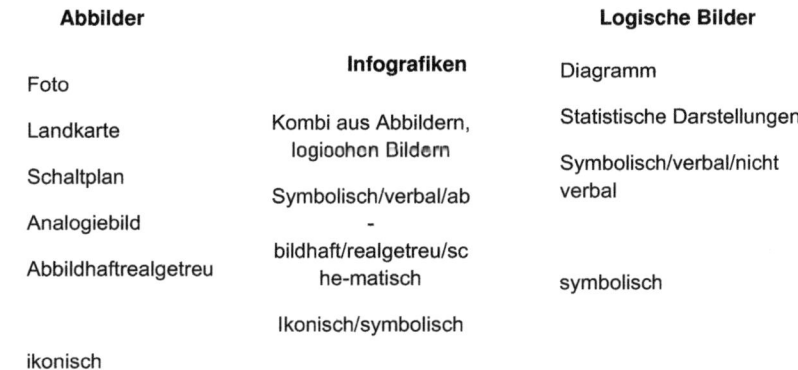

Typen Computerbasierter bzw. Neuer Lernmedien

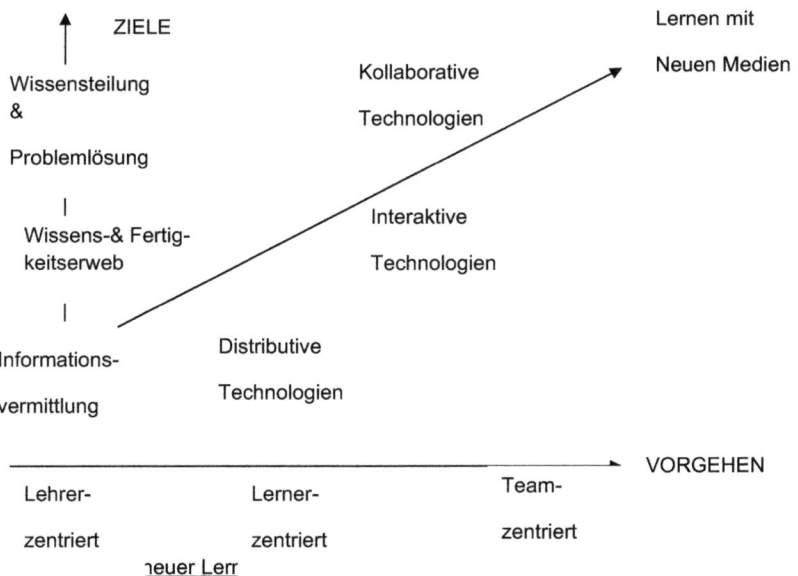

1.   Drill and Practice (z.B. Vokabeltrainer)

2.   Tutorielle Programme (Lernprogramme mit festem Ablauf)

3.   Hypermedia (Verzweigte Datenbanken, z.B. Atlanten)

4.   Simulationen (Applets) und Mikrowelten

| Selbstorganisiertes |
| Lernen |

1. Problemlöse- Werkzeuge, Modellierungssytseme, Programmierungsumgebung

2. Intelligente Tutor- Systeme für Problemlösungen

3. Kommunikationswerkzeuge (für kooperatives Lernen, Groupware)

4. Information-Server

5. Rollenspiele (mit PC als Buchhalter und/ oder Partner)

6. Tutorielle Programme mit/ ohne Lernererfolgsprüfung

| Lehrerzentrierter Unterricht |

Didaktische Funktion von Applets

1. Einsatz im Unterricht (Mikroebene)

2. Aufwertung von Übungsphasen

3. Anschauungsgrad anpassen

4. Trial and Error, Hypothesen testen

5. Versuche durchführen

6. Aktives Lernen ermöglichen

7. Original ist oft besser als Multimedia

8. Multimedia ist oft besser als Buch

9. Medienkompetenzen werden entwickelt

Vorteile neuer Lernmedien

1. Didaktisch strukturierte Lernumgebung nutzen spezif. Vorteile neuer Medien für effektives Lernen

2. Ängstliche Schüler profitieren von computerbasiertem Lernen

3. Kommunikation via Netzwerk unterstützt kooperatives Lernen

4. Einsatz neuer Medien hilft die Aufmerksamkeit der Lernenden zu erhalten

Wird durch neue Medien intensiver gelernt?

1. Verstärkung/ Belohnung hat höchste Effekte

2. Vorwissen der Lernenden hat hohen Effekt

3. Instruktion/ Unt.planung und Methoden haben ebenfalls hohen Einfluss

4. Comp. Assisted Instruction erbringt nur durchschnittliche Effektstärken → nicht das Neue Medium an sich, sondern Instruktionsstrategie und Methoden sind entscheidend für guten Unterricht

Zusammenfassung

1. Neue Medien / Lernprogramme sind nicht nur Instrumente zur Wissensvermittlung; sie helfen seinem Benutzer Fragen zu stellen und die Problematik zu verstehen.

2. Neue Medien / E-Learning aktivieren den Lernenden so stark wie möglich bieten Raum zur aktiven Konstruktion und Rekonstruktion von Wissen.

3. Neue Medien / E-Learning sollen authentische Erfahrungswelten schaffen, echt sein, dem Lerner helfen, Wissen zu konstruieren aber Abstraktion ist ein Denkprozess des Menschen, der durch die Auseinandersetzung mit konkreten Inhalten stattfindet.

4. Neue Medien / E-Learning bieten Hilfen – sie lehren nicht, sondern schaffen Anknüpfungspunkte für die Lernenden (Anker).

5. Neue Medien / E-Learning sind ein Werkzeug unter anderen – ein Zweck, um ein Ziel erreichen zu können. Sie sind Partner, Berater und Coach im Lernprozess – aber kein Allheilmittel!

8.Pädagogische Diagnostik

= geschieht systematisch und methodisch kontrolliert (Methoden meist aus psychologischer Diagnostik)

1. Voraussetzungen, Bedingungen planmäßiger Lehr- und Lernprozesse werden ermittelt

2. Lernprozesse werden analysiert, Lernerergebnisse festgestellt

→ päda. Handeln unterliegt Optimierungsgebot: Entscheidungen so treffen, dass Lernende maximal gefördert und vor Nachteilen bewahrt werden

Diagnostische Kompetenz:

= Schrader (2001, S. 91) „die Fähigkeit eines Urteilers, Personen zutreffend zu beurteilen. Sie ist damit die Grundlage für die Genauigkeit diagnostischer Urteile oder Diagnosen"

1. damit sind Zustände, Prozesse und Merkmale von Personen gemeint

2. dies sind „formelle Diagnosen", die professionell, d.h. theoriegeleitet, systematisch mit wissenschaftlich geprüften Methoden erstellt werden

1. Diagnostische Aufgaben:

Individuelle Ebene	Klassenebene	Institutionelle Ebene

Kriterien der Wissenschaftlichkeit

Objektivität	Reliabilität (Zuverlässigkeit)	Validität (Gültigkeit)
• Ein empirisches Verfahren ist objektiv, wenn der Empiriker das Resultat nicht beeinflusst. • 100%ige Objektivität ist nur angenähert erreichbar. • Durchführungs-, Auswertungs-, Interpretationsobjektivität	• Ein empirisches Verfahren ist reliabel, wenn das zu ermittelnde Merkmal wiederholt identisch ist. • 100%ige Reliabilität ist nur angenähert erreichbar. • Retest-, Split-half-, Paralleltestreliabilität	• Ein empirisches Verfahren ist valide, wenn es das misst, was es zu messenvorgibt. • Validitätsprüfungen sind auch immer Ermessenssache. • Inhalts-, Kriteriums-, Konstruktvalidität

Bewertungskriterien

Sovialvergleichende Bezugsnorm	Kriteriale Bezugsnorm	Individuelle Bezugsnorm
• Leistungen werden auf der Grundlage eines Vergleichs mit den Leistungen anderer bewertet	• Leistungen werden an der Erreichung von Lernzielen gemessen	• Individueller Lernfortschritt wird bewertet oder das Ausschöpfen individueller Begabungspotenziale

Fehlertendenzen

1. den „wahren Wert" eines Schülermerkmals kann so gut wie keiner noch so gute Diagnostiker herausfinden

2. es kann nur Annäherungen und Schätzungen durchgeführt werden, die der Realität sehr nahe kommen

Fundiert
• Sprachliche Gewandtheit
• Rechnerische Leistungen
• Fähigkeit zum abstrakten Denken
• Gute Erinnerungsleistung
• Dauer der Problemlösung

Nicht fundiert
• Wacher, verständiger Gesichtsausdruck
• Hohe Stirn
• Geordnetes Elternhaus
• Erledigung der Hausaufgaben
• Durchsetzungsvermögen

„Pygmalioneffekt" im Klassenzimmer

1.   spezifische Erwartungen von Lehrkräften wirken als handlungsleitende Urteile

Infos zur Entstehung

• Zwei Ursprünge: Antike und ein Rosenthal Experiment in den 60er Jahren

• Experiment: Rosenthal wollte überprüfen, ob die Erwartung von Lehrkräften bezüglich der Intelligenzentwicklung der Schüler diese beeinflussen kann!!

• Effekt bestätigte sich

• „objektiver Pygmalioneffekt" versus „subjektiver Pygmalioneffekt"

Andere Tendenzen

1.   Tendenz zur Mitte (error of central tendency)

    1.   Beurteiler reagieren im Bewertungsprozess mit einer Tendenz zur Mitte. Sie meiden extreme Aussagen

2.   Dichotomisierungstendenz (Tendenz zu extremen Urteilen)

    1.   Gegenrichtung zur zentralen Tendenz, „Extremisierungstendenz"

3.   Milde- oder Strenge- Effekt

    1.   Prinzipiell zu gute Bewertungen oder zu schlechte Bewertungen

4.   Reihungs- und rhythmische Schwankungseffekte

    1.   erste Arbeiten werden strenger kontrolliert als die letzten

5.   Halo-Effekt oder Hofeffekt

    1.   Bewertung eines Persönlichkeitsmerkmal auf die Beurteilung der anderen Merkmale ausstrahlen

Diagnostische Methoden

„... zumindest glaubt jeder, der Augen hat zu sehen und Ohren zu hören, dass er damit auch der Beobachtung fähig ist. Doch ohne zu wissen, was, wo und wann zu beobachten ist, hockt man ebenso als selbsternannter Tierbeobachter im Wald herum, wie man sich ungeschult in der Klasse oder sonst wo als Verhaltensbeobachter versucht."[5]

Entwicklungs- und Einschulungstests
1. Vorschul- und Entwicklungstexts
2. Einschulungstests

Intelligenz- und Eignungstests
1. Intelligenztests, als Individualtests oder Gruppentests
2. Spezielle Eignungs- und Begabungstests
3. Konzentrations- und Aufmerksamkeitstests
4. Tests zum Sozialverhalten

Schulleistungstests, z.B.
1. Rechtschreibetests und Lesetests
2. Wortschatz-, Vokabeltests
3. Tests für Rechnen und Mathematik
4. Tests für naturwissenschaftliche Fächer
6. Fächerübergreifende Schulleistungstests

1. Prozeduren der Durchführung, Auswertung und Interpretation
bewusst machen, präzise beschreiben, mit Kollegen abstimmen und schließlich fixieren → Vereinheitlichung

2. Verwendung eines vorbewerteten Korpus von Vergleichsarbeiten als Maßstab
z.B. Musteraufsätze werden vorgegeben, die bereits vorbewertet sind → Der Prüfer kann somit entnehmen, welche Leistung einer Note „sehr gut", „gut" etc. entspricht

3. Beurteilungsmethoden für alle transparent machen
Kontrollmethoden (Schulleistungstests zur Validierung einsetzten), Kriterienkataloge, Expertenmeinungen einholen

4. Mehrfachbeurteilung durch unabhängig voneinander arbeitende Beurteiler:
Der Einfluss einzelner Fehlurteile soll minimiert werden

5. Analytische Aufsatzbeurteilung:
Die Beurteilung erfogt in unterschiedlichen Bewertungsdimensionen (fachlich-inhaltlich, formal, etc.)

6. Auszählen objektiv feststellbarer Mikroelemente
„Atomistische Aufsatzbeurteilung" Kriterien und Rohpunkte festlegen!)

Instrumente zur Förderung selbstständigen Arbeitens:

1.   Arbeitsheft
2.   Arbeitsrückblick
3.   Ausführungsmodell
4.   Klassenkonferenz
5.   Lernpartnerschaft

---

[5] http://www.grin.com/de/e-book/93633/